1

Una Vida en Agonía Experiencia Personal

Maria Ximena Aguilera

Una Vida en Agonía
Experiencia Personal

Gratitud y Superación

Maria Ximena Aguilera

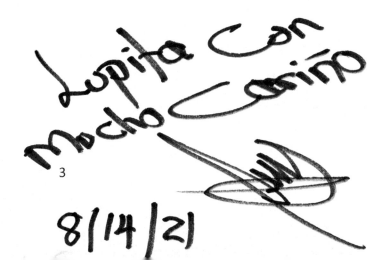

3

8/14/21

Una Vida en Agonía

Una Vida en Agonía Experiencia Personal

Maria Ximena Aguilera

ISBN 9798522592578

No te Canses de Buscar

Enfrenta Tu Vida y Resuélvela

Dedicatoria

A todas las personas que de una forma o de otra han tocado mi vida, porque gracias a esto soy quien soy hoy, porque sé que en sus intenciones han querido enriquecer mi vida.

A todas las personas que lidian en sus vidas con los problemas de aprendizaje y que saben que esto afecta todo campo de sus vidas.

Pero especialmente a mis tres hijos por ser el motor que me impulsa día a día a mantenerme viva y agradecida por esta vida.

Prologo

Las investigaciones que se han hecho a través del tiempo en el campo de las dificultades de aprendizaje han sido muy valiosas para aquellas personas que de una o de otra forma han tratado este tipo de problemas; pero considero que ha habido un vacío en todas estas investigaciones al no considerar como primer punto de investigación al sujeto en sí. Es el individuo que posee ese tipo de problema el que debe expresar desde sus adentros cual es la problemática que encuentra en su cerebro, entendiendo que no solo afecta una función en el desarrollo del sujeto, sino que afecta al sujeto en su desarrollo integral, o en una rigurosa observación para considerar que beneficiaría al sujeto para su mejor desarrollo.

Hoy considero como persona, que he tenido la experiencia de lidiar con problemas de aprendizaje que:

- Los niños que tengan estos problemas no deben separarse de los demás niños.

- Los maestros deben ser capacitados para integrar estos niños en el grupo escolar.

- Los adultos deben recibir una buena educación para vivir con este tipo de niños.

- El amor y comprensión de la familia harán la vida de estos niños más fácil para ellos y sus familias.

-El esfuerzo conjunto dará como resultado mejores seres humanos.

Maria Ximena Aguilera

Maestra pre- escolar

Una vida en Agonía

Libro

Esta idea surgió hace mucho tiempo en mi mente y de hecho llevo algún tiempo madurándola.

En esta vida nos enfrentamos a grandes y pequeños retos y el reto de mi vida ha sido vivir con mis problemas de aprendizaje.

Tomo como base mi vida para resaltar las situaciones que pueden enfrentar personas, que, como yo, tratamos de encajar en este mundo a nivel social y familiar.

Espero que las personas que lean este libro hallen las herramientas que encontré a lo largo de mi vida para que las utilicen y puedan avanzar rápidamente y ubicarse en su vida.

La vida es para los valientes, para los guerreros y para los que no importándoles su situación o problema encuentran la salida y triunfan.

Maria Ximena Aguilera

Ximagui4@gmail.com

Instagram xim1957

Instagram asterstore2020

Instagram acentos2021

Instagram maragauilera

Facebook Ximena Aguilera

YouTube Maria Aguilera

YouTube Ximena Aguilera

Este Libro está hecho con Amor

¿Dónde Encajo Yo?

Una vida en Agonía
Experiencia Personal

Gratitud y Superación

Maria Ximena Aguilera

Índice

Capítulo 1   El Origen 19

Capítulo 2   Herramientas Necesarias...........45

Capítulo 3   Haciendo Conciencia..............71

Capítulo 4   Sali del Hueco......................87

Capítulo 5   Me Encontré...................... 91

Agradecimientos..................................96

Una Vida en Agonía Experiencia Personal

Gratitud y Superación

Coloque su teléfono Celular en cámara y póngala
sobre el código QR para que aparezca una referencia
y haga clik en ella para ver el video que complementa
cada capítulo del libro

Bienvenida al Lector

Una Vida En Agonía

Origen

Yo no sé si a la mayoría de las personas les
pasa lo mismo, pero toda mi vida me la he
pasado escribiendo, comenzando, guardando,
pero nunca se concreta nada.

Tengo la noción de saber de dónde vengo,
para mi es importante saber esta información
porque el hecho de saber de dónde vienes te
da certeza de un comienzo para saber quién es
ese ser que está identificado con ese nombre.

Y pienso, en mi limitado mundo, que ese es
un principio fundamental de todo ser
humano.

Hola mi nombre completo como lo conozco,
así me lo informaron y está registrado es,
Maria Ximena Aguilera mucho gusto.

Hoy quiero contarles mi vida tal como la recuerdo y la viví según mi percepción porque todos percibimos la vida de forma diferente. Quizás ante los ojos de otras personas que lo han conocido a uno no concuerden con los hechos que describo; pero no quiero desaparecer sin contar mi historia según mi versión, porque considero que he sido una persona con logros y éxitos como tantas mujeres y hombres luchadores, una de esas personas exitosas como soy yo.

En el momento en que me siento a escribir tengo casi 64 años, y siento que mi vida ha sido una agonía.

Mirando las fotos de mi infancia acuden pequeños recuerdos a mi mente ya envejecida, y quizás es mejor compartir momentos que han marcado mi vida y que aparecen en mi mente como destellos de luz.

Nací el 24 de Julio de 1957, según escuché a mi madre nací en las horas de la mañana. Tiempo después cuando fui creciendo descubrí que ese día era el cumpleaños de una de mis hermanas mayores, para ser precisa la segunda del primer matrimonio de mi padre, y eran sus 15 años.

No tengo ni idea en este momento como sucedió ese día, espero no haber sido la que interrumpiera esa ocasión que para muchos y en muchos países es muy importante, y que yo personalmente la tuve y la viví y la recuerdo como si hubiera pasado tan solo una semana.

Yo me siento bien porque vengo de una pareja que respeto porque me dieron ejemplo de vida en lo relacionado con la estructura familiar. No se antes de ellos que haya sucedido en esas dos casas familiares, pero en lo concerniente a mi origen como ser, lo ubico con ellos así tomando como partida a mis padres me enfoco en quienes eran mi padre y mi madre, esto lo digo desde mi vivencia como hija a mis ojos no a los ojos de los demás porque con certeza no sé cómo funcionan ellos, pero sí sé con certeza como funciono yo.

Mi padre un hombre de mente abierta, capaz de escuchar sin juzgar duramente, respetuoso de la individualidad de pensamiento, dadivoso, amable, con la habilidad para comunicarse conmigo y amoroso.

Mi madre de hermosa apariencia siempre resaltaba en cualquier reunión social a la que llegaran. Un poco egocéntrica, pero mostrando amor a sus hijos a su manera, protectora conmigo, porque al igual que mi padre sentía que mi esencia no estaba completa. Ella siempre pendiente de sus hijos. Así los vi yo desde el momento en que me di cuenta de que existía, teniendo así cada uno de ellos puntos a favor y en contra, que es muy natural en los seres humanos y de hecho muy respetable.

Mi primer recuerdo creo calcular que viene a mi mente alrededor de los 3 o 4 años. El recuerdo de mi Abuela Ana Rosa, esto sucedió si mal no recuerdo, estando entre el comedor y la sala de la casa en que vivíamos en ese momento, - creo que allí fue que nací-. Mi padre y mi madre hablaban, pero no les entendía. Lo único cierto era que no podía subir a la segunda planta de la casa, después entendí que la razón era la muerte de mi abuela. Tiempo después le pregunte a mi madre porque había muerto mi abuela, ella me respondió que porque como no podía subir el coche y volver por el bebe, ella decidió subir al bebe dentro del coche y cargarlo junto con él, y que al otro día el esfuerzo que ella había hecho le había provocado el infarto. Esto debió suceder, pues mi hermano menor estaba casi recién nacido y a mi abuela le gustaba mucho pasar tiempo cuidando al bebe de la casa. Fue muy corto el tiempo que pase con ella, solo recuerdo que jugaba con nosotros. Me parece verla sentada en la puerta de la casa en una silla de madera, con su cara blanca y su pelo gris, sus ojos dulces y dos hermosas trenzas que colgaban sobre sus hombros. Su sonrisa envejecida y las arrugas que comenzaban a marcarse en su rostro, la recuerdo con cariño. Ella nos cuidaba desde la puerta de la casa para que mi hermana y yo jugáramos con nuestras amiguitas en el antejardín, a las cintas y al escondite. De ella no recuerdo nada más.

Fui una niña muy afortunada, ahora lo tengo claro porque con el tiempo descubrí la miseria de la humanidad. Crecí en un hogar estable, nunca vi a mi padre y a mi madre pelear, pero si vi los problemas familiares de un segundo matrimonio con hijos, que al pasar el tiempo repercutirían en mi vida.

Es difícil poder decir o juzgar como las personas viven sus vidas. Porque es como cuando alguien compra un vehículo y en ese vehículo van viajando las personas que los dueños decidieron invitar a viajar, y que con el tiempo cada uno de ellos se baja del vehículo porque compra el suyo propio. Así las vidas van transcurriendo, unos se alejan, otros permanecen cerca, otros definitivamente se van y quedan solos.

El hecho de que yo naciera con estos problemas de dislexia y discalculia, hicieron que mi desarrollo integral como ser humano fuera un poco difícil, porque no es solo la incapacidad de escribir y entender reglas gramaticales y tener dificultad en los cálculos matemáticos, sino que todo se percibe de diferente manera. El desarrollo de las vidas de mis hermanos ha sido muy diferente, esto lo señalo porque hay un indicador que a mis ojos es muy claro y es el hecho de que ellos pudieran compartir sus vidas y pudieran comunicarse armoniosamente. Y la razón de que yo no pudiera encajar de manera armónica como ellos lo hacen entre sí, me indico tiempo después que yo tenía un problema. Sucedió de igual manera con mis hermanos mayores los hijos de mi padre -El quedo viudo con cuatro hijos- yo nunca pude llevarme bien con ellos tampoco. En esos momentos, mi vida se movía alrededor de mi desesperación; yo hacía cosas para acercarme a ellos, pero no lo lograba y por esa razón termine fuera del círculo de mis hermanos.

Hubo un corto, pero muy feliz tiempo que logre cierta afinidad con mi hermano mayor, el ultimo del primer matrimonio de mi padre. Él es mayor 10 años, anhelaba profundamente establecer comunicación con mi hermano, pero, aun así, yo sentía que pisaba en falso porque no sabía cómo hacerlo, y yo quería que me aceptara. Llegue a tener una buena amistad, pero con el tiempo, su reacción ante la muerte de mi padre y su rechazo hacia mi sin razón alguna me sorprendió. Con el pasar del tiempo, aprendí que esa guerra que se había formado entre mis hermanos y mi madre también nos cobijaba, y que tendríamos que pagar nosotros también y recibir ese odio como herencia. Yo luchaba por encajar dentro de la familia porque me consideraba que era parte de este rompecabezas, quería ser esa ficha que encajara perfectamente con las demás fichas, pero no lo logre. En muchas ocasiones me sentí triste y llegué a deprimirme porque no encontraba como llegar a ellos. Mientras mi vida pasaba haciendo frente a los problemas y buscando soluciones, ellos también por su parte lidiaban con su vida y no se enteraban de mi lucha, así como yo no sabía de las de ellos.

Mi padre fue distinto, el sacaba un poquito de su tiempo y amor para transmitirme seguridad. Esto hacía que yo me sintiera abrigada por él, siempre manifestó preocupación por cada uno de sus hijos, sufrió y se alegró con cada uno de ellos. Ahora que soy adulta, mi padre percibía que mi esencia no estaba completa, se inclinaba un poco hacia mí; quizás ese gesto de mi padre hizo que mi vida fuera más fácil y eso me dio tiempo de madurar. Pienso también que el sacaba un poquito de su tiempo para cada uno de sus hijos porque cada uno de ellos tenía sus necesidades; pero también percibo a través del tiempo que la gratitud hacia él ha sido muy escasa.

Según lo que el mismo me conto, su esposa se cayó siendo muy joven de un caballo, y parece ser que esto causo un tumor en su cabeza; no me dio detalle, solo sé que por causa del tumor finalmente murió. Fue en ese momento cuando se convirtió en viudo y con 4 hijos, la mayor adolescente, y el menor un niño chico.

Ahora que crecí como dicen los niños, me doy cuenta de que mi padre se casó muy rápido teniendo una responsabilidad muy grande. Pienso que él creía que, al casarse y tener una esposa, podría tener ayuda en la crianza de los hijos, pero la vida no es así. Los hijos ajenos muy rara vez son apreciados por el que llega, y si el dolor de una perdida está demasiado reciente tampoco es fácil de aceptar al que llega, especialmente si es muy joven. Temprano en mi vida descubrí que las rivalidades y los celos eran la orden del día, distintos pensamientos y costumbres no compatibles. Una familia incitando a discordia a la otra, mis hermanos casi odiando el hecho de que mi padre se hubiera casado tan rápido, pronto da como consecuencia el rencor en contra de mi madre y odio, me atrevo a decir; digo me atrevo porque siempre quise que no fuera así.

En esta situación desde mis ojos de niña no podía comprender porque no se podían querer unos con los otros; yo los podía querer a todos, los sentía cercanos a mí, aunque en realidad no lo estaban. Todo lo que yo hacía y quería era que se quisieran; con el tiempo entendí que así no funciona el mundo de ellos, que para denominarlo de alguna manera decidí llamarlos 3D y yo era 2D.

El siguiente recuerdo que acude a mi mente es la cotidianidad de la casa, las amiguitas de la cuadra, las personas que trabajaban en casa y dos primos de parte de la familia de mi padre que vivían en la parte de abajo de la casa por decirlo de alguna manera, era como un sótano que tenía la casa.

los viajes constantes de mi padre a Estados Unidos me hacían pensar que la razón por la cual estudiábamos en el colegio Bolívar era por que en algún tiempo mi padre hubiera considerado trasladar la familia a ese país y por eso quería que aprendiéramos inglés; pero la vida de mi padre era en ese momento complicada ya con 8 hijos, no era fácil mudarse a otro país. Siento que debido al hecho de estudiar en colegio bilingüe pareciera que tuvo ese deseo por mucho tiempo en su mente.

Haciendo memoria recuerdo también a Eimy y Lala, dos niñas que vivían en la cuadra, hijas de una pareja americana. La casa de ellas estaba ubicada en la esquina opuesta a la casa y nuestra casa estaba ubicada en la mitad de la cuadra. Mi hermana y yo con frecuencia íbamos a su casa, y la madre de ellas siempre nos recibía con actividades lindas para niños, lo mismo hacían en las fiestas de cumpleaños que les celebraban a ellas. Había todo tipo de cosas lindas, crayolas, papeles grandes, pintura, pinceles, plastilina y todo lo que un niño puede querer para divertirse. Emy, blanca, rubia de ojos azules y muy bonita, le ayudaba a su madre a organizar todas las cosas que se necesitaran para las actividades. Lala, alta, delgada de pelo rojo y ojos azules se movía por todos lados hablando a media lengua casi sin podérsele entender lo que decía.

Ellas llegaron a ser mis mejores amigas, y nosotras estudiábamos en el Colegio Bolívar. Era grande, ubicado en las afueras de la ciudad, era un colegio bilingüe y de estilo campestre, aulas abiertas y profesoras americanas; yo estaba en kínder y mi maestra se llamaba Mis Klein, gorda con lentes de esos que parecen estirarse para arriba, blanca, de pelo negro, joven. Ella y yo nunca llegamos a entendernos, nunca hubo conexión. Hoy pienso que para ella era muy difícil tener una niña en su clase que no rindiera como los demás pues además de no llevar el ritmo de aprendizaje de la clase también era zurda, eso causaba que ella no pudiera llevar el grupo al ritmo apropiado y desarrollar el programa que le exigían en el colegio; esto me hizo sentir que ya no era importante en clase. Al ella cansarse de la situación decidió dejarme de lado, y pues por más que yo me esforzaba nunca pude conseguir una estrella dorada siempre eran estrellas azules o rojas que era para indicar que el trabajo no era bueno. Mi dificultad aumentaba por el hecho de ser zurda en un mundo hecho para los que escribían con la mano derecha, esto llego a tal grado que me amarraba la mano izquierda en la espalda, quería que yo hiciera mis trabajos con la mano derecha. Ese desprecio por los zurdos también aparecería más adelante en el colegio, pero sería con un maestro en los cursos de bachillerato. En ese momento yo podía ver y sentir los efectos de mi problema de aprendizaje, la dislexia y la discalculia que en ese entonces era algo raro en un niño.

Mi lucha por entender lo que leía, mi lucha por comprender el algebra porque las matemáticas básicas las podía de alguna manera manejar, pero ya al entrar en el algebra allí ya no podía y era frustrante ver como mis compañeros de clase podían resolver los cálculos algebraicos unos con más facilidad que otros, pero yo no podía y avanzaba a un ritmo muy lento.

Lo mismo sucedía en las clases de español y literatura ,al estar en clase haciendo el análisis de la lectura de un libro yo veía y escuchaba a mis compañeros de clase dando opiniones acerca del contenido del libro y yo escasamente podía entender lo que pasaba en una situación u otra; yo creo que en ese momento comencé a crear las herramientas que más tarde me servirían para poder desenvolverme aceptablemente en el mundo 3D. Pienso ahora que eso me marco para que yo quisiera ser maestra de niños pequeños, en el fondo algo me decía que al ayudar a los niños desde la base desde los primeros años escolares estando muy alerta por si reconocía alguna dificultad les ayudaría mucho en su desarrollo integral.

Retomando lo que les decía anteriormente sobre mi infancia, recuerdo en ese entonces que yo solo percibía a una niña del servicio que se llamaba Emperatriz, y le decíamos `Empera`. Era una negra alta, gorda, fuerte, que atendía la cocina y nos recogía para llevarnos a casa cuando estábamos con Emy y Lala. Estuvo por mucho tiempo con nosotros y así lo percibí yo hasta que me di cuenta de que comenzó a padecer de Fuertes dolores de cabeza después de tener a su bebe, cosa que nunca me di cuenta de que ella esperaba un bebe sino hasta que lo vi en la casa cerca de ella.

De ese tiempo, recuerdo ver a `Empera` con la cabeza vendada y rebanadas de papa debajo de la banda que se ponía en la cabeza para que pudiera trabajar; recuerdo detallarla con mis ojos de niña un par de veces, pero no comprender lo que pasaba. Me llamaba mucho la atención ver a `Empera` con la venda en la cabeza, pues a mí también me dolía la cabeza frecuentemente, pero nunca me

pusieron la venda en la cabeza como a
`Empera`.

El siguiente recuerdo es la presencia en casa
de mis primos. No sé cómo llegaron a vivir en
casa ni cuando, solo note su presencia cuando
entraban o salían. Ellos eran familia de parte
de mi padre -y puedo decir que conocí más la
familia de mi madre más que la de mi padre- a
mis primos, que después entendí no eran
personas muy bienvenidas en casa, habitaban
abajo en ese sótano que mencione antes; mi
madre no permitía que nos relacionáramos
con ellos, solo recuerdo dos jóvenes altos muy
altos que entraban y salían de la casa sin tener
ninguna relación con nosotros. Ellos nunca
compartieron una comida en la mesa ni una
conversación en la sala ni un evento familiar.
Con el tiempo comprendí y fui aprendiendo
que mi madre era una persona con muchos
prejuicios y discriminaba a quien no le parecía
de su altura social y estos jóvenes por la forma
como los trataban en casa no eran de su altura
social. Con ellos hubo un problema, pero
nunca me enteré de que se trataba, esto hizo
que se fueran de la casa; debió ser algo pesado
porque mi madre estaba enojada y mi padre
también.

Recuerdo especialmente uno de los viajes que hacia mi padre a Estados Unidos y que a su regreso nos trajo cosas muy lindas. También recuerdo no extrañarlo, ni siquiera percibir que no estaba, y ahora, al detenerme a pensar lo encuentro un tanto extraño porque él ha sido mi ejemplo que seguir. Pues en esa ocasión le trajo a mi hermano mayor una especie de avión gordo de tamaño mediano con control remoto, que hacía sonidos y titilaban luces roja azules y amarillas. El juguete se llamaba el supersónico, quedé maravillada con ese juguete, pero no era para mí era de mi hermano y por mucho tiempo no lo volví a ver hasta que finalmente lo encontré en la parte de arriba de la casa en el corredor central y estaba dañado, pero no importaba si él no lo quería, yo sí.

Al detenerme a pensar en lo que ha sucedido en mi vida, siempre encuentro un vacío grande, no lo sé explicar muy bien porque de niña ya sentía eso, quería estar sola. Recuerdo jugar con una pequeña muñeca que de alguna manera llego a mis manos, tenía pecas de tez blanca y con el cabello blanco y corto, por algún tiempo ella fue mi compañía y yo jugaba a hacerle vestidos. Yo tenía una caja de madera de algún artículo que habían comprado en casa y que después fue desechada, en donde guardaba todas las cosas que yo hacía para ella; mientras mis otros dos hermanos se relacionaban más con las personas yo me sumergía por tiempos largos en mi mundo donde me sentía bien. Mi pensamiento era diferente al común de la gente que conocía y que me rodeaba.

Mis recuerdos ahora me llevan a Bogotá, vivíamos en un edificio que a mí me parecía viejo, en el último piso, era grande y todo estaba enchapado en madera; creo deducir que trasladaron a mi padre a alguna otra universidad en Bogotá, y recuerdo que estuvimos cerca de un año o año y medio allí. Recuerdo que hacía mucho frio, mi padre decidió que iríamos el colegio Rochester School también bilingüe.

 Llegando a Bogotá ubicaron a mi padre en un edificio de apartamentos; mi madre decía que era un pent-house, pero con el tiempo descubrí que no era un pent-house, era solo un apartamento en el último piso. Percibía que, si era grande para mí como niña, pero no era nada de admirar. Del edificio recuerdo que era color ladrillo, una entrada que daba a un patio rectangular y sobre el lado derecho a mitad del patio se encontraba la puerta que daba acceso a los apartamentos. No recuerdo cómo se llamaba el edificio, pero recuerdo con mucho cariño a los que vivían en el primer piso, un pintor de nombre Gonzalo Ariza, y creo recordar dos de sus hijas, la esposa no la recuerdo.

El, un hombre alto, delgado, pálido, que pintaba con acuarelas, pintaba principalmente flores de pantano y motivos japoneses; de pronto tenía ascendencia japonesa, sus dos hijas delgadas como su padre, con ojos rasgados y cabello oscuro, muy bonitas y amables. El resto de los habitantes del edificio no los recuerdo o nunca me entere de quienes eran, pero si recuerdo jugar con las niñas Ariza. Jugábamos en las tardes abajo en el patio, a las cintas, a la lleva, al escondite y al teléfono roto; pasábamos tardes inolvidables y divertidas. En ese edificio cumplí seis años y recuerdo muy bien mi pastel de cumpleaños, era una torta redonda con una cubierta blanca, y pegados en los lados del circulo creo recordar 6 cisnes blancos. Ese día habían llegado a casa la mayoría de los hermanos de mi madre, mis tíos, para acompañarnos en ese día, y sucedió algo que sería una incógnita para mi hasta el día de hoy. Un incidente muy feo de abuso de parte de mi tío, hermano de mi madre, que con toda maldad no sé porque lo hizo, me restregó en la boca y en la cara ají, haciendo que se me hinchar la cara y como consecuencia se me cerraron los ojos y se me hincho la boca; me pusieron hielo en la cara y recuerdo que mi madre me llevo a la cama y desperté al otro día, no sé cómo reaccionaron mis padres, solo sé que nunca más volví a ver a mi tío visitándonos. Tiempo después oí de él y regreso a mi ese momento feo de mi vida; siempre quise tener la oportunidad de preguntarle porque me hizo eso- no sé si el aún vive- eso me lleno de tristeza. Una vez mas no entendía que sucedía, era mi tío y se suponía que me debía querer y respetar, pero pronto comprendía que la vida no era como yo la sentía y trataba de vivir, comenzaba yo a ver ya las miserias de los seres humanos, esto sucedió en 1963.

En una ocasión mi padre nos regaló a mi hermana y a mí un par de patines de cuatro ruedas metálicos que en ese entonces eran la sensación y casi todas las tardes bajábamos a patinar en el patio del edificio; por esa razón yo me hice amiga del hijo del vigilante del edificio, un niño de mi edad muy agradable. Jugábamos mucho a la lleva, a las cintas, al quemado, al teléfono roto; y fue allí cuando ocurrió mientras jugábamos teléfono roto en ese instante, en que yo le decía al niño lo que había entendido, mi madre se asomó por la ventana y vio que yo me acercaba a él, desde ese momento me prohibió terminantemente jugar con aquel niño. Yo solo podía jugar con las niñas Ariza porque ese niño era hijo del vigilante y no era bueno que la gente me viera jugando con él. Esto fue muy triste para mí porque yo apreciaba al niño, nunca más lo volví a ver durante el tiempo que permanecimos en ese edificio. Estos son principios muy claros de los 3D, ya están establecidos y se desenvuelven en ellos; pero yo no los entendía, yo entendía que todos debíamos ser amables con todos, pero sinceramente trataba de entender y obedecía a mi madre.

Pienso ahora adulta que en ese momento me comencé a revelar y a no aceptar lo que me decía mi madre, no la entendía y me molestaba, pero también sé que una madre o un padre quieren lo mejor para sus hijos, no importa si no piensan igual que tú, no importa desde que punto de vista lo vean, no importa si te gusta a ti o no; en este punto creo entender que no importa el mundo en que estés. La capacidad o incapacidad que tengas, en la mayoría de los casos, los padres tienen la razón, y los míos tenían la razón; eso lo entiendes cuando desde tu mundo, cualquiera que sea este, y en el momento en que te conviertes en padre.

Recuerdo también poder enfermarme para no ir al colegio. Me subía fiebre, me daban taquicardias; me daba gripe con solo desearlo, los síntomas aparecían. Con el tiempo descubrí que el cerebro es poderoso y que cuando uno da una orden, generalmente se vuelve realidad y esa orden se lleva a cabo. Claro, en ese entonces no lo entendía muy bien, pero lo hacía para cuando así lo deseaba. Muchas veces me quede en casa porque así lo decidía, porque no quería ir al colegio, porque quedarme en casa era más divertido.

El colegio en que nos matricularon en Bogotá anteriormente mencionado   era un colegio grande en una gran casa vieja. Nunca vi personas que pudiera decir que eran de Estados Unidos, pero si recuerdo la directora en su traje sastre muy ceñido, ya de edad avanzada y con su cabello recogido, muy seria y estricta, que se paseaba por todos los salones diariamente inspeccionando que todo marchara como debía ser. A mí no me gustaba el colegio, de mi maestra no recuerdo nada, solo recuerdo el tener que defender a mi hermana de los niños que la molestaban y de la forma como descubrí con sorpresa que mi hermana mayor trabajaba como profesora en ese colegio; nadie me dijo que mi hermana trabajaba allí. En ocasiones recuerdo con sorpresa y quizás un poco de tristeza este hecho, porque mi hermana siempre mostro indiferencia hacia nosotras mientras estuvimos en ese colegio, a tal grado que con el tiempo para mí era una persona más de ese lugar, era otra profesora. También recuerdo salir al recreo y defender a mi hermana un poco mayor que yo. Las dos éramos de los niños más pequeños del colegio; también recuerdo vívidamente el día que frente a todo el colegio le bajaron los pantalones a un niño y le pegaron con una regla en las nalgas, fue algo muy feo. Eso me marco también porque con el tiempo note que nunca mis padres me pegaron, yo entendía que debía hacer caso de lo que me decían porque eso evitaría que me golpearan, porque los golpes físicos duelen.

Después de las vivencias en Bogotá, de nuevo estábamos en Cali. Mis padres con mucha seguridad de nuevo nos quisieron matricular en el colegio Bolívar, pero no lo hicieron; creo entender que la razón era que tanto la matricula como la pensión estaban supremamente caras. También por el hecho de no haber estado en el colegio que le habían dicho a mi padre que nos matriculara en Bogotá y decidieron matricularnos en el colegio La presentación del Aguacatal, un colegio de monjas no sé de qué orden, para mí era un colegio gigantesco con muchísimas niñas. En ese colegio hicimos primero y segundo de primaria; en el colegio conocí a la profesora Maria Elena, muy amable y alegre, blanca, gordita término medio, pelo castaño y con frecuente sonrisa en su cara. Noté en esa ocasión que por primera vez yo no estaba en el mismo salón de clase que mi hermana, a ella la llevaron a otro salón, entonces sentí por primera vez que estaba sola por mucho tiempo con personas que no eran de mi casa, de mi entorno, eso quería decir que ese entorno se comenzaba a ampliar y de alguna manera me daba miedo.

Mi hermana y yo éramos semi internas, eso quiere decir que almorzábamos en el colegio; pero había niñas que a la hora del almuerzo regresaban a casa y luego los buses del colegio las recogían de nuevo para traerlas y comenzar la jornada de la tarde. Mientras ellas iban y venían, las semi internas teníamos un tiempo de juego y esparcimiento con nuestra profesora de grupo; recuerdo que la profesora era muy especial conmigo, muy querida y me ayudaba en lo que yo necesitara. Después de almuerzo jugaba con todas las niñas en el patio, corríamos y saltábamos, nos sentábamos a hablar a veces en grupo grande con la maestra, y a veces entre nosotras para mostrar que nos compraron uniforme nuevo o que mi padre se había ido de viaje o de tantas cosas que un niño tiene en su cabeza y que sus padres ni siquiera sospechan que hay en ella, hasta que comenzaba la segunda jornada o sea la de la tarde que era cuando regresaban las niñas que almorzaban en casa.

Recuerdo la clase de costura con una de las religiosas, hacíamos un dechado, esa clase era muy difícil para mí, pero muy importante para el colegio, sobre todo por ser colegio para niñas. Yo no lo termine nunca porque no me gustaba la costura y porque no entendía cómo iban los hilos en las diferentes puntadas. Veía con angustia que mis compañeras de clase hacían unos dechados muy lindos, ellas tenían la misma edad mía y hacían unos dechados que las monjas enmarcaban para exponerlos a final de año.

En esta ocasión al igual que con la maestra de clase mis Klein, la religiosa me dejo de lado y no se interesó más por mi dechado, solo me daba el inicio de la puntada y se iba; al final doblaron mi dechado por donde yo había hecho una que otra puntada y así lo expusieron, mis padres nunca me dijeron que les decían las profesoras de mí, pero estaba claro. Al llegar a casa, mi hermana traía en sus manos un hermoso dechado y yo traía algo que parecía un enredo de hilos, mi padre y mi madre nunca me dijeron nada ni me compararon nunca con mi hermana, pero yo podía ver la diferencia, aunque fuera aun una niña pequeña.

De un momento a otro cambiaron nuestras circunstancias en el colegio, no sé cuál fue la razón por la cual dejamos de ser semi internas. Ahora pienso un poco en este hecho y creo saber porque sucedió, pienso que debió ser un ajuste económico que hicieron que mis padres decidieran que ya no seriamos semi internas eso hizo que mi Amistad con la profesora Maria Elena cambiara por completo.

Ella ya no era especial conmigo, ya no existía. Me sentía triste porque no entendía porque había cambiado conmigo, yo seguía siendo yo, Maria Ximena Aguilera.

La importancia de observar

Herramientas Necesarias

Los años siguientes fueron muy ajetreados entre el colegio y la casa, los estudios y las frustraciones. Recuerdo las huelgas en la universidad donde trabajaba mi padre, el Doctor Aguilera, siempre mandando llevar las niñas a la casa porque en la universidad estaban tirando piedras. Eran tiempos difíciles para mi padre, de ese tiempo recuerdo un par de sucesos que me gustaría relatar.

Recuerdo que en una ocasión estábamos mi hermana y yo en el colegio, me encontraba en clase de matemáticas con la profesora Maruja que era el terror de todo el colegio con las tablas de multiplicar. No sé en realidad que era lo que hacía que Maruja fuera profesora, pero si sentía que nos hacía daño y empeoraba mi situación porque los nervios y la ansiedad que causaba en todas era grande. Como mi Apellido es Aguilera, siempre era la primera o segunda en la lista, y por supuesto, la primera o segunda en pasar a recitar las tablas de multiplicar. Maruja decía: "haber señorita

Aguilera, la tabla del 6" y yo comenzaba 6 x 1= 6, 6 x 2 = [...........]. El decir de maruja era: "siéntese señorita Aguilera" – y mientras caminaba hacia mi escritorio decía, `tras de gorda hinchada y con paperas`- esto por algún tiempo me lastimo, pero poco a poco dejo de importarme porque ya no me interesaba ni me angustiaba aprender o no. Como siempre, la matemática causando temor a todos.

Pues un día estando en clase con Maruja, entro una de las monjas y le dijo a la profesora: "la señorita Aguilera me debe acompañar, traiga la maleta". Enseguida, todas me voltearon a mirar porque mi escritorio estaba al fondo del salón. Pienso yo hoy día que las profesoras me dejaban atrás para que no fuera alguien que molestara el desarrollo de la clase. Sin yo saber de qué se trataba, levanté mis cosas y salí detrás de la monja. Al final del corredor eterno que conducía a la dirección, me estaba esperando mi hermana junto con el chofer de mi padre para recogernos y llevarnos a casa porque en la universidad estaban tirando piedras los estudiantes y se le habían unido otros colegios públicos en las manifestaciones. Ese día llegamos temprano a casa y como siempre, a descansar, a comer y a no hacer nada.

Nunca hice tareas ni las entendía, a veces estudiaba otras no. No me gustaba estudiar porque no entendía nada; en ese entonces tenía más o menos unos 11 años pienso yo. También recuerdo el hecho de ser muy lenta en todo lo relacionado con el estudio, yo no era buena en ningunas de las materias que veíamos en el colegio.

No era una niña esbelta ni bonita, no podía hacer nada bien y mis trabajos por más que me esforzaba eran mediocres y mal terminados; en una palabra, era torpe. No era popular por supuesto, y no pertenecia a ninguno de los grupos que se formaron en el salón de clase en el que estaba. Yo, aunque me sentaba en la parte de atrás del salón donde estaban las niñas populares, no pertenecí nunca a uno de sus grupos. Trataba de hacerlo como siempre, me esforzaba por agradarles y por hacer las cosas que ellas hacían, pero no lo lograba, mi naturaleza me empujaba hacia otra dirección.

Yo podía detectar la debilidad o la necesidad de ayuda en diferentes situaciones, y yo si podía, ayudaba siempre a mis compañeras, a las que las demás hacían sentir mal. Ayudaba cuando alguien faltaba a clases llevándole las tareas a casa para que no se atrasaran, eso hacía que yo no fuera popular.

En el momento en que mi periodo me llego a los casi once años, mi vida se complicó un poco más. Era un problema para mí, siempre me manchaba, mi periodo era fuerte de fluido y de olor. Siempre fue muy difícil para mí la semana que llegaba el periodo, nunca pude controlarlo, me tenía que retirar porque el olor era fuerte. Las toallas higiénicas nunca fueron suficientes para mí, todo se juntaba para tirarme hacia abajo y yo luchando con todo lo que tenía para no dejarme hundir. A esto se sumaron mis senos grandes, el peso de ellos me agobiaba, y encontrar un sostén que no me marcara los hombros era todo un problema. El complejo crecía a medida que pasaba el tiempo, fueron tiempos difíciles y depresivos, me comencé a encorvar para esconder mis senos.

Tiempo después entendí, hice conciencia de cosas sobre mí. Era zurda, y en ese entonces no era común, tenía problemas de aprendizaje como la dislexia, la discalculia; también sufría de una dislalia leve; y así con todos estos impedimentos tenía que enfrentar el mundo que todos los niños enfrentaban. Por supuesto, nunca encaje en ninguna parte, los otros niños tenían un ritmo de aprendizaje mucho más rápido que el mío y se desenvolvían mejor en cualquier ambiente. Debido a eso yo me sentía mal y me tornaba introvertida y tímida. Yo solo podía tener una amiga, nunca dos, porque surgían problemas. Al relacionarse otra niña con mi amiga la que salía perdiendo era yo, porque ellas podían encajar mejor tanto en personalidad como en aficiones y gustos, entonces yo quedaba fuera del pequeño grupo. Era muy difícil para mí relacionarme con los demás, de niña fue fácil, pero entre más pasaba el tiempo era más grande mi impedimento y yo no entendía, por esto me frustraba.

Otro hecho, que creo yo fue difícil para toda la familia, fue el día que mi hermano mayor se tomó las oficinas de la universidad y esta era la oficina de mi padre. Ese hecho fue un sacudón grande en la familia y afecto mucho a mi padre. Pasado algún tiempo, entendí que esas manifestaciones se creaban por inconformidad en algún campo social, y en este caso protestaban por los cambios sociales que como estudiantes - sobre todo los de las facultades de humanidades – hacían. Solo escuché que mi hermano se había tomado la oficina de mi padre en compañía con otros dos o tres. Vi el disgusto de mi padre, los asuntos delicados, y este era uno de ellos, mi padre los consideraba en privado. Nunca exponía a la familia a los problemas de los demás, aunque en esta ocasión nos dimos cuenta todos los que en ese momento vivíamos en la casa.

Crecí siendo una niña introvertida y solitaria como ustedes pueden deducir. Mis padres preocupados por este hecho comenzaron a pensar el porqué de mi aislamiento y mi falta de comunicación. Conforme pasaba el tiempo, se hacía más notable, pues llego el momento en que como todo adolescente comenzaba a salir a fiestas. Eso era lo que hacía mi hermana, las fiestas estaban a la orden del día y yo me negaba rotundamente a ir a estas fiestas. Mi madre me maquillaba y me sacaba de la casa para que fuera con mi hermana, y esto era un martirio para mí, no quería ni sabia bailar. La gente me molestaba, yo me sentía ridícula en esas fiestas, y por supuesto, terminaba molestando a mi hermana que si quería ir y divertirse. Viendo esto, mis padres tomaron una decisión que yo diría que se convertiría en el suceso que comenzaría a delinear mi vida futura. Me inscribieron en la escuela de teatro en el instituto de bellas artes, esté fue un evento trascendental en mi vida.

Ahora sé que las decisiones que tomamos en la vida son propias, y que cada uno de nosotros somos responsables de nuestras vidas y decisiones que se toman en las diferentes situaciones. Mi padre y mi madre hicieron lo que creían ellos que estaba correcto, ese suceso marco mi vida. Llego en un momento en que yo, como ser humano, tomaba decisiones fuertes. Nadie en mi familia me conocía, no podía recurrir a nadie. Yo no encajaba, yo me perdía, no entendía ninguno de sus comportamientos; solo seguía lo que, como yo digo, me decía mi cerebro. Lo que hoy entiendo como instinto.

Al entrar en la escuela de teatro todo era nuevo para mí, yo nunca pensé actuar y menos pertenecer a un grupo en donde dependería del otro para desempeñar mi papel. Eso era nuevo, y todo lo que aprendí en la escuela de teatro fue positivo. Me gustaba, me sentía bien con mis profesores y mis compañeros de grupo, pero como siempre sentía la no pertenencia, eso hacía que yo me esforzara al máximo por ser parte del grupo. Allí también tome la decisión de escoger, o, mejor dicho, encontré una de las personas con quien compartiría mi vida.

Lógicamente, en la mayoría de los casos, cuando dos jóvenes comienzan la vida en pareja les cuesta mucho salir adelante, y menos si hay una serie de situaciones que cortan el progreso del uno y del otro. Porque no se conocen, porque la fuerza de la atracción sexual es lo que prevalece, pero en ese punto yo no funcionaba como los demás. Para mí era una sensación de bienestar, de compañía, de ilusión, de individualidad, no me interesaban las relaciones sexuales. Lo que yo quería era alguien con quien comunicarme, con quien compartir con quien vivir, pero para tener todas estas cosas tenían que existir las relaciones sexuales que no eran llamativas para mí, eran un requisito para poder conservar a la persona con la que me sentía bien.

Perdida en ese mundo en el que yo trataba de encajar, metida en el mundo del arte sin saberme ubicar tampoco en ese medio, yo veía el mundo desde una perspectiva totalmente plana. Los libros eran maravillosos para mí, y yo me esforzaba por captar que era lo que el autor quería mostrar o decir. Al reunirnos a hacer el análisis del libro en grupo quedaba aplastada con los razonamientos y exposiciones de mis compañeros, pero no me daba por vencida. Los escuchaba atentamente para después, con base a lo que ellos exponían, yo expresaba las ideas hilando lo que ellos comentaban, así pasaba yo por alguien que estaba al día en lo que se estaba haciendo en el grupo. La verdad era que sufria mucho, me tensionaba y me ponía muy nerviosa porque todo el tiempo tenía que estar en alerta.

Fueron años en los que desde mi punto de vista aprendí mucho, pero no lo suficiente para poder encajar. A simple vista parecía una persona que no tuviera ningún problema, pero a la hora de querer encajar como una pieza de un rompecabezas algo salía mal, la pieza no encajaba.

Recuerdo particularmente una ocasión asistiendo a la escuela de teatro, que para mí era algo sensacional y llego a convertirse en algo muy importante en mi vida. Yo admiraba a uno de mis compañeros, no porque me sintiera atraída emocionalmente, me llamaba mucho la atención la forma como él se desenvolvía en el grupo. En esa ocasión, de esas cotidianas que corríamos escaleras arriba y abajo por el conservatorio riendo y jugando, diciendo tonterías y aprendiéndonos el libreto de la obra que ensayábamos, lo encontré subiendo las escaleras muy calmado hacia el salón de clases y me detuve mientras los otros seguían adelante, lo salude y le pregunte como hacia el para poder entender de tal manera todo lo que leía.

El pauso y me dijo: ! y tu no lo entiendes como yo!?

 Lo mire un tanto perpleja, y sintiéndome tonta le dije que sí; enseguida dije, pues si entiendo, pero no como tú lo expones; ¿te importaría si me das una lista de libros para yo leer?

El me miro un tanto sorprendido y me dijo si, al final de la clase de teatro te la doy, y siguió subiendo las escaleras y me dejo atrás. Una vez más me sentía como mosco en leche, tonta, desubicada, me senté en la escalera confundida y sintiéndome doblemente tonta con mil pensamientos, pero finalmente llegué a la clase.

Al pasar el tiempo, me entere que es un gran dramaturgo y escritor, mire su foto en el internet y las fotos de cuando íbamos al conservatorio. Los recuerdos acudieron a mi mente y una sonrisa de satisfacción se dibujó en mi rostro al verlo ahora maduro y exitoso, me dije, no podía ser de otra forma.

El estar metida en ese mundo de las letras, los libretos, los accesorios, la tramoya, el ir y venir, el hacer esfuerzos que otros no necesitaban hacer, me fueron ejercitando para más adelante. Ese tiempo fue muy hermoso y edificante, sobre todo para mi alma en busca de la salida al mundo. Esa etapa de mi vida termina cuando conozco a mi primer esposo allí en el conservatorio, un joven fotógrafo, estudiante de artes plásticas y muy popular, rodeado de muchos amigos, conocido en todo el instituto.

Una de mis compañeras del grupo de teatro me lo presento, con el tiempo me entere que él le había pedido que me presentara y así fue, me lo presento. Estábamos sentados en la cafetería comiendo tostadas de plátano con ají y gaseosa con algunos del grupo y llego ella con él y me lo presento. Los demás ya lo conocían, era muy popular. La primera vez paso desapercibido para mí, después ya se sentaba con nosotros frecuentemente y conversaba mucho conmigo. Salimos del conservatorio a pasear por los alrededores a conversar y a reírnos, finalmente me dio un beso y me dijo que yo era su novia. Yo ni me lo pregunté dos veces, lo di, por cierto, y así seguí frecuentándolo cuando estábamos en el conservatorio.

Esto sucedió de igual forma años atrás cuando tenía aproximadamente unos 11. Tuve un novio que era más bien como mi mejor amigo, lo quise muchísimo y lo conocí porque era vecino de cuadra. Lo quise mucho porque con el sentía que si encajaba, como que el sí me entendía. Ahora de adulta, al pensar en eso creo que nos separaron porque los padres de él no me querían a mí y mis padres tampoco lo querían a él, pero lo hicieron de una manera muy suave, muy sutil, y a él lo mandaron para estados unidos a estudiar. La verdad no se la razón porque se lo llevaron, lo extrañe mucho por mucho tiempo. Cuando regreso de vacaciones, recuerdo tanto lo que me trajo de regalo, fueron miles de chicles de todos los sabores y colores. Fue tan bonito volverlo a ver, poder hablar con él y poder contarnos todo lo que habíamos hecho, pero por supuesto, en ningún momento nos dejaban estar solos ya éramos adolescentes y eso no era permitido. Me dolía tanto que tuviera que irse de nuevo, era el único ser con el que alguna vez pude comunicarme, pero al final de su estadía el comenzó a mostrarse distante y poco empático conmigo, hasta que llegó la hora de irse. Eso hizo que mi corazón se rompiera, aunque en mi mente, ignoro si en la de él, todavía teníamos algo él y yo, eso pensaba yo. Al pasar el tiempo el no volvió, pasaban las vacaciones y no llegaba, no escribía, y poco a poco me fui olvidando, aunque en este corazón mío siempre esta como un recuerdo bonito.

Así mi noviazgo con el joven fotógrafo comenzó y me parecía tan emocionante. Era algo nuevo para mí, yo nunca había experimentado una sensación de esa manera. Él era mayor 6 años, popular y divertido, intelectual; el que se hubiera fijado en mí, una niña tonta; wow eso era lindo, además de lo lindo era imposible de creer.

Fueron meses muy lindos, desde el primer beso hasta sentirme en las nubes, de ser parte de algo y disfrutarlo. Recuerdo con cariño especial y con rubor algo que me sucedió. En una ocasión estábamos sentados mirando como pasaban los carros. Era algo tarde ya, era la hora de que me recogieran, pero cuando estábamos juntos el tiempo y el espacio desaparecían. El me dio un beso y en ese instante escuche a alguien que aclaraba su garganta y decía - señorita Ximena, es hora de ir a casa- era el chofer que venía a recogerme. Salte como un resorte y me fui detrás de él volteando a mirarlo y haciéndole señas con la mano de despedida, recuerdo sentirme tonta otra vez.

El que yo tuviera novio preocupaba mucho a mis padres, porque el esposo de mi hermana, la segunda del primer matrimonio le había contado a mi padre que nos habían visto caminando por la calle cogidos de la mano y que el caballero no era que tuviera una buena presencia. Recuerdo la descripción que le hicieron a mi padre de él, pantalón campana de tela escoses, camisa blanca, pelo largo hasta los hombros, lentes oscuros redondos como los de John Lennon y una ruana larga, flaco y de bigote.

Esos meses fueron lindos meses de enamoramiento, de ilusión, de besos, abrazos, y de la primera intimidad. Me estaba convirtiendo en una mujer y yo no me daba cuenta, solo sabía que sentía algo que me sacaba de mi mundo, que había puertas a otra clase de comunicación, a otra situación. No sabría cómo explicarlo, pero pronto me daría cuenta de que el mundo en que estábamos tenía ciertas limitaciones y reglas que no se pueden olvidar. Por más que uno de rienda suelta al sentimiento y a las emociones, por más que uno se esté desarrollando y creciendo como ser humano, hay límites y restricciones a las cuales uno tiene que sujetarse y acatar.

Por su puesto, mi noviazgo tenía que terminar no podía continuar. En este momento recordando este suceso con mi padre, el corazón me duele al pensar por cuanta angustia hice pasar a mi padre y cuanta preocupación sufrieron ellos al saber que yo andaba por allí con alguien que ellos no conocían. Mi padre lo llamo y hablo con él a cerca de que yo era una niña enferma que necesitaba muchos cuidados, le pregunto donde me iba a llevar a vivir, con que íbamos a vivir.

Lo recuerdo tan bien, los dos sentados en la sala de la casa, mi padre tan serio y preocupado y el con sus pantalones de tela escoses roja y su camisa de lienzo blanca, su figura delgada y sus lentes redondos. Al finalizar la conversación él se marchó y yo nunca volvía al conservatorio de bellas artes.

Como es de imaginar, me sentía perdida en un mar de emociones, no sabía qué hacer, no entendía nada. El amor que sentía por mi padre era sobre pasado por el amor que sentía por aquel muchacho guapo que tenía mi corazón en sus manos, y no entendía a qué hora había pasado. En este momento era tal la confusión que había dentro de mí que no podía pensar en una solución, ahora pienso ¿esa confusión la sufre todo el mundo? ¿eso era debido a mi condición? Con el tiempo y observando las personas que crecieron cercanas a mí me di cuenta de que eso era parte de mi condición, porque aprendí que los sentimientos se limitan, que uno debe tener control de ellos y no dejarse arrastrar, porque generalmente salen mal. Entonces entendí porque mis padres trataban de protegerme. Para mí es triste y difícil hallar esta respuesta.

Ni él ni yo podíamos dejar que eso pasara. En casa había un par de radios de corta distancia llamados walkie talkie que mi padre había comprado a mis hermanos y que estaban abandonados debajo de las escaleras de la casa. Recordé que estaban allí, y como todos los días le dejaba una nota debajo de una de las piedras que había en el antejardín de la casa, ese día le dejé una nota diciéndole donde podía encontrarlo para poder hablar, de esa manera nos comunicamos por algún tiempo.

Todo esto se transformó en un gran problema en mi casa, el asunto era que debían separarme de alguna manera de aquel joven que era mayor que yo 6 años, que podía tener una gran influencia sobre mí y no se equivocaban. Desde mi mundo plano no había cabida para nada mas en mi mente. Mi corazón, mis sentimientos y todo mi ser se transformaron en una sola emoción, y tome la decisión de irme de casa con él.

Mis padres tomaron la decisión de mandarnos a mi hermana y a mí con mi hermana mayor, la mayor de todas del primer matrimonio de mi padre, y nos quedamos; si no recuerdo mal fueron casi dos meses; mi hermana vivía en una ciudad costera. Me enviaron allí para que estuviera distraída y olvidara a este muchacho, pero todo fue inútil, ya lo había decidido. Le escribía todos los días y le enviaba las cartas, nada podía alterar lo que yo ya había decidido. Siento que se daba en mí una rebeldía que había nacido tiempo atrás debido a ciertas contradicciones que encontraba en mi madre.

La estadía con mi hermana mayor no fue del todo mala, ella trato de ser lo más amable posible conmigo. No sé cómo ella me veía, lo que se era que ella me dejaba ser dentro de ciertos límites que para mí no eran difíciles de acatar, no tenía que esconderme para escribir las cartas que le enviaba a mi novio, nunca me pregunto nada y siempre me trato con amabilidad siempre y cuando yo respetara esos límites que ella me había puesto.

Pasábamos los días y las semanas con las sobrinas de mi cuñado que eran más o menos de la misma edad que mi hermana. Yo caminando al correo a poner las cartas y yendo de tiendas con mi sobrinita que estaba en sus 3. Las 4 tiradas en la playa recibiendo el sol, pasé días bonitos y siempre sentí agradecimiento a mi hermana por esos días en su casa y por la forma como me sobrellevo.

De vuelta en casa yo sentía que lo que había pasado era una pausa en la lucha que tenía por irme con él, y que ahora más tranquila y clara de pensamiento podría llevar a cabo nuestra idea, porque ahora era más fuerte la decisión de irme con él.

Después de esos dos meses y medio de estar en la playa, de estar en el calor con mis hermanas y mi sobrina, aproximadamente después de 3 semanas de haber llegado del viaje, tomamos la decisión de irnos.

Escribí una carta para mis padres, le puse una estampilla y la metí en un buzón de correo en una de las tiendas que estaba cerca de casa y me fui. La carta nunca llego porque estaba mal escrita la dirección y porque no tenía remitente. Tiempo después, pregunté por la carta que envié y esa fue la respuesta que me dieron, nunca llego. La dirección estaba mal escrita y nunca puse un remitente, esa carta era para que mis padres no se preocuparan. Eso era lo que yo pensaba, pero con carta o sin carta, el dolor que les cause fue infinito. Hubiera querido haber pensado en ese momento como pienso ahora.

Esto fue devastador para mi familia, les cause mucho dolor. Inconformidad y rabia, porque a mis hermanos los altere de por vida con respecto a mí, si yo no encajaba con ellos ahora sí que menos podría lograrlo. Con el tiempo aprendí que las decisiones que uno toma van forjando nuestra vida y que uno mismo se gana lo que le sucede. Así como uno toma decisiones, tiene que aceptar las consecuencias de todo acto que uno realice.

No sé en realidad cuantas personas se han sentido como yo durante sus vidas, pero sé que son muchas, porque a través del tiempo que llevo de vida, he visto muchos niños que son maltratados, ignorados, apocados, por no poder entender que es lo que pasa a su alrededor, porque no ven el mundo como lo ven los demás.

Una vez salí de casa, todo cambió radicalmente, de ser la niña protegida por madre y padre comencé a experimentar que era vivir fuera de casa.

Mi padre y mi madre sospechando mi fuga me pusieron guardias para que no saliera sola. Estas eran mis tías, hermanas de mi madre, dos de ellas estaban por esos días en casa. Una llevaba ya mucho tiempo con nosotros y la otra llego por el pedido que le hizo mi madre y mi padre para que yo estuviera vigilada. Cuando una mente humana fija su objetivo sin vacilar, logra lo que quiere, y eso lo aprendí desde niña. Fijamos la fecha, la hora y el lugar, y así fue. En un descuido que tuvieron mis tías me fui de la casa, metí la carta en el buzón y me fui, sin temblar ni titubear. Con la cabeza erguida y el pecho afuera respirando hondo, me subí en el bus que me llevaría al terminal de transporte y allí me estaba esperando, con ojos asustados y mirando hacia todas partes, y yo más segura que nadie porque no existía nada más en mi mundo que lo que estaba viviendo.

Esa decisión trazo un camino largo en mi vida antes de que tomara un nuevo rumbo. Lo que sucedió, para mí era lo único que importaba. Yo no pensé más en mis padres, ni en mis hermanos, ni en mis pobres tías, ni en nadie. Todo mi mundo era él y yo, y lo que teníamos, y no quería saber de nada más. Otra vez metida en un mundo único, donde yo y solo yo lo entendía, idealizando y creyendo en todas las cosas que escuchaba que eran tan amables y dulces que hacían que yo me encerrara más en ese mundo.

Pero descubrí rápido que esa belleza y ese mundo dulce y amable se rompería muy pronto.

Estando en una casita de campo lejos de la ciudad, al tercer día de habernos ido en la noche, vimos carros de patrulla policial. Yo no sospeche nada, pensé que era algo rutinario, que algo pasaba allá afuera pero que no tenía nada que ver con nosotros. El sí sabía porque se daba cuenta que mi familia no se iba a quedar quieta con mi huida, sino que me buscarían por todas partes, en efecto mis padres contrataron detectives que nos siguieron la pista y nos encontraron en menos de 24 horas. Ellos estuvieron enfrente de la casa donde estábamos, pero el amigo de él que nos permitió quedarnos en esa casita les dijo que no estaba allí, sino que habíamos seguido el camino hacia la ciudad de Pasto Nariño, por esa razón no llegaron hasta nosotros.

Yo no era consciente de lo que estaba pasando, solo pensaba que eso sería suficiente para que fuera una realidad. Despúes

comprendí que todo tiene un orden y que uno lo debe respetar. A la mañana siguiente, él se levantó muy sonriente y amable. Preparo algo para desayunar, no recuerdo que, porque estaba sumida en una nube de ensueño, me dijo que debíamos regresar. Recogimos todo y regresamos a la ciudad, pasamos varios días juntos paseando por la ciudad. Nos estábamos quedando en una habitación que de antemano había alquilado para cuando regresáramos, fueron unos días lindos hasta que regresamos a el conservatorio de bellas artes. Allí había alguien que estaba esperándonos, un hombre bajito se paró en frente de nosotros, dijo nuestros nombres y nosotros los confirmamos, acto seguido no separaron y nos llevaron hasta que mis padres llegaron por mí y a él lo llevaron preso. Un hombre mirándome a la cara me decía que me iban a llevar a mi casa, yo le decía que no quería regresar a la casa de mis padres y él me decía que lo tenía que hacer porque era menor de edad. Una vez más perdida entre gente que no conocía, enfrentando situaciones y consecuencias de mis actos, confundida y perdida.

Al llegar a casa sentía miedo, me sentía más sola que nunca, confundida, avergonzada, juzgada por mis hermanos. Conocí el peso de ese juicio que, aunque lo sentía en ese momento, entendí que la dureza con que fui juzgada estaría presente el resto de mi vida y cualquier acción que yo llevara a cabo estaría marcada por ese hecho, porque yo había desestabilizado a mi familia y las vidas de ellos.

La primera reacción de mis padres fue llevarme al psicólogo y hacerme un examen médico. Pensaron que él me había hecho daño. El psicólogo me pregunto porque, como y cuando, y yo le conteste, porque lo amo. Nunca me forzó a nada desde que lo vi, a él por supuesto lo metieron en prisión por irse con una menor de edad, y mientras él estuvo en prisión nunca lo vi. Trataron de hacer que yo declarara en contra de él y convencerme de que el me manipulo a mí, y que se aprovechó de mi porque yo era la niña que tenía dificultades. Siempre contesté que me fui por mi propia voluntad, la acusación era secuestro. No sé cuánto tiempo paso, creo que duro un mes o 3 semanas y lo tuvieron que dejar ir.

Mi padre hablo conmigo, yo le manifesté que me quería ir con él, el agacho la cabeza y me dijo- está bien -Mi madre me aconsejo que no me fuera en varias ocasiones, pero yo guardaba silencio y solo la escuchaba. Ahora que he logrado entender un poco más cómo funciona el mundo 3D, veo claramente como mi mundo es plano, una dirección con dos dimensiones. Tomo tiempo y esfuerzo para que yo pudiera entender eso.

Mi padre efectivamente respeto mi decisión y permitió que me casara con él. Nos casamos en un juzgado porque mis padres decían, es mejor por lo civil porque es más fácil el divorcio. Ellos daban por hecho que me divorciaría rápidamente, eso retumbaba en mi cabeza y me atormentaba. Yo sé que los padres somos protectores y tendemos a solucionar la vida de los hijos porque creemos que son nuestros, porque salieron de nosotros, y yo lo entiendo. En ese momento me atormentaba y me dolía, dieron por sentado que no podría, sencillamente había que dejarla que se casara para que no intentara más tonterías y seguir monitoreándola. Hoy le doy gracias a mis padres que lo hicieran; ese monitoreo amoroso de mi padre y mi madre protegiendo a su niña que salía de casa sin estar preparada; la que no se ubicaba, la que no entendía, la que no podía relacionarse con los demás porque la rechazaban, o porque ella misma se saboteaba. Buen punto para tener en cuenta.

Como se Forjan las Herramientas

Haciendo Conciencia

Vivir con una persona que no encaja en la
realidad de los demás debió ser muy difícil.
Hoy me doy cuenta porque me puedo poner
en los zapatos de ellos, antes no lo podía
hacer, solo era lo que me rodeada, tal cual
como yo lo podía percibir ver y expresar; eso
era muy difícil para los demás. Yo lo comparo
como 2 dimensiones y 3 dimensiones; la gente
vive en un mundo de 3 dimensiones, yo vivía
en un mundo de 2 dimensiones; por eso digo
que mi mundo era muy plano. Al que vive en
3D le es muy difícil ver o percibir como una
persona vive en 2D. Tal vez puedan, pero de
hecho lo siento agotador, eso lo entiendo,
porque quien ve en 2D no sabe o no percibe
que existe 3D.

Así comenzó mi vida fuera de casa. Unos días
antes de casarme me di cuenta que esperaba
mi primer bebe, eso transformo mi vida, era
algo genial y espectacular algo, que hacía
vibrar todo mi cuerpo.

Hiba a ser madre, me casé y me fui a vivir con él a un especie de apartamentico muy lindo, parecía una casita en un edificio, estaba en el primer piso. El patio trasero del edificio era muy lindo y bien distribuido, una habitación, una cocinita y un patio para tender la ropa, me sentía feliz. Hiba a tener mi familia, la mía, y junto a mi tenía a la persona que yo quería, y un bebe dentro de mí. Era como jugar a las muñecas, y se transformó en el pequeño mundo de Ximena, feliz después de una gran tormenta que no esperaba. En su vida había logrado poder reunir todas las cosas que amaba en un solo lugar.

No sé qué sucedía con la vida de mis familiares, yo solo tenía contacto con mi padre, que era quien mostraba mayor interés como siempre por mí. Eso hizo que fuera más fuerte el juicio de mis hermanos por ser el patito feo de la familia, por hacer las cosas mal, por no fijarme en lo que hago, por creerme quien sabe qué, y no los culpo, ellos vivían en un mundo 3D mientras yo vivía en un mundo 2D. Para ellos no era sencillo entender mi situación y lo que pasaba por mi mente, o lo que ocurría en mi pequeño mundo. Para mí era imposible ver el mundo como lo veían ellos, yo lo único que entendía era que tenía una familia, que había tomado una decisión, que mi padre me apoyaba y no entendía por qué era tan malo lo que yo hacía. Después entendí cuanto daño sin querer les había hecho a mis hermanos, a mi madre y a mi padre.

Como decía anteriormente, me case. Fue una pequeña ceremonia familiar, en casa de una de mis hermanas mayores, y me fui a vivir mi vida con mi esposo y con mi bebe que se estaba formando en mi vientre. Fueron meses bonitos de aprendizaje, de desarrollo personal, de asomarme al mundo fuera de casa. Me familiaricé con su familia, y con un hermoso niño que me recordaba a mi hermano menor. Siempre pedía que me lo llevaran a casa para cuidarlo, pero si lo tuve en dos ocasiones no fueron tres, pues ellos no querían que yo me diera cuenta de su historia. Ese hermoso niño también tiene una historia digna de escribirla.

En una ocasión, salimos al campo a pescar guapis en las acequias. Cultivamos peses en la casa en el tanque del lavadero, claro, yo no tenía donde lavar la ropa, pero eso no importaba. Y así transcurría el tiempo entre una cosa y otra mirando como se desarrollaba mi bebe en mi vientre, haciendo las citas de control con mi padrino, hasta que se dio la necesidad de que yo saliera sola o a que me quedara en casa sola, porque él tenía ya que ir a trabajar. Esas cosas a mí me parecían normales, había visto como mi madre y mi padre vivían; él se iba a trabajar, después al finalizar la tarde regresaba a casa y se encontraba con mi madre y sus hijos; yo no tenía problema con eso. El problema surgió cuando me enteré de que nadie podía visitarme sin que el estuviera en casa, yo no sabía porque, nunca me dijo nada, si me lo hubiera dicho yo se lo hubiera comunicado a los demás, eso no era problema para mí. Si él no quería pues yo respetaba su decisión, eso era lo que yo pensaba, y en mi mundo eso era normal fácil de entender y aceptar, pero en el mundo 3D eso es inaceptable. Él no tenía derecho a encerrarme mientras él no estuviera en casa, y el saber eso me sorprendió mucho.

Un día sus tías vinieron a visitarme, ellas no sabían que él no estaba cuando llegaron. Me llamaron desde una puerta de rejas que había antes de llegar a la casita, yo muy contenta Sali y pensé que podía abrir la puerta para dejarlas pasar, pero no pude, él había cerrado la puerta con llave. Ellas me saludaron, y al ver que no encontraba la llave para abrir se fueron. Me quede pensando que había pasado, cuando el llego le conté, pero él no me dijo nada, no me contesto y yo lo deje pasar. Después, cuando alguien venía a visitarme yo no salía de la casita porque no quería saber que la puerta estuviera cerrada, con el tiempo entendí que eso sucede cuando una persona no confía en la otra y eso se llaman celos. Desde entonces los celos reinaron en mi casa, pero era cosa que no me importaba porque yo no tenía ojos sino para él y mi bebe en camino. Cada día mi vientre crecía más y más y yo me sentía cada vez más fuerte. Era feliz sabiendo que yo, el patito feo, tenía una familia, que bonito.

Llego el momento en que naciera mi tan anhelado bebe, y así fue el fin del embarazo y la llegada al mundo de mi primer bebe. No se puede describir, es muy difícil, pero tratare de explicarlo. Todo se vuelve positivo, todo es alegría, las cosas negativas no te pueden tocar, todo el mundo se abre ante ti y la pareja gira alrededor del bebe. Después de la emoción del milagro de la vida viene la realidad. Me imagino hoy día ya teniendo experiencia y conociendo más personas 3D que 2D, que en las 3D sucede lo mismo; yo pienso que es igual; la maternidad y el estado en que uno entra al llegar a ser madre modifica la vida por completo y para siempre, ese estado no se volverá a apagar una vez se activa, ya no se volverá a apagar a pesar de las circunstancias ni los reveses de la vida, seguirá activo pienso yo. Hasta el último momento, hasta el último aliento de vida, y los pensamientos finales serán para cada uno de ellos.

Contar los sucesos de la vida de uno no es fácil cuando uno recuerda cosas que no le gustan. Es fácil escribir las cosas lindas de la vida, pero es difícil escribir las cosas tristes. Al recordarlas puedes reflexionar y ver las cosas más claras, porque no estas en ese momento. Es como mirar tu vida desde el futuro que es el lugar donde estas cuando recuerdas los sucesos que acontecieron en tu vida.

Pero con la llegada de ese bebe tan anhelado llegan otras responsabilidades. En mi mente 2D; y aquí si no se si en 3D sucede; se divide el ser y eso yo nunca lo pude manejar. El mundo maternal y el mundo de la mujer para con su hombre, allí comenzó mi segunda agonía. Yo solo podía hacer una cosa no las dos, y decidí ser madre. Entendí que la vida no es fácil, que tienes que pensar muy bien cada paso que das y sin embargo te sigues equivocando. La vida transcurría día a día y mi bebe era lo principal, era lo que llenaba mi vida, y seguí adelante sorteando las cosas y tratando de manejar mi mente y la cotidianidad de mi vida.

Entonces llego el segundo milagro que fue mi niña, ella era una pequeña rosa en mis manos, hermosa y juguetona. Mi corazón se abrió y deje entrar personas que no conocía a mi vida. Era como si mi mundo se ensanchara y hubiera lugar para quien quisiera entrar en ese mundo, eso para mí fue muy importante porque lograba de manera espontánea socializar, fueron momentos muy lindos.

Las personas que conocía querían estar conmigo, mis dos hijos eran hermosos y los amaba con todo mi corazón. En ese proceso de entender y disfrutar de las cosas que me rodeaban, pienso hoy que ya no había cabida para mi esposo como esposo. Él lo único que tenía que hacer era ver por esos dos bebes que eran un tesoro en nuestras manos, pero por supuesto, tiempo después me di cuenta que eso no era lo aconsejable. Lo normal y saludable es sentir un equilibrio entre el amor a los hijos y el amor a su pareja, pero en mi cerebro no entendía eso, lo único que entendía era lo que podía sentir. No me preocupaba en entender nada más, no afloraba nada más en mi mente o en ni instinto, era solo el hecho de ser madre lo único que tocaba mi existencia, como si yo estuviera hecha para esto.

La llegada de nuestro tercer bebe fue algo maravilloso. Los tres eran diferentes, este 3er bebe era blanco, rubio, largo y delgado, hermoso. Juicioso, callado, tranquilo; ese instinto maternal surgía por tercera vez en mi vida y colmaba toda mi existencia; ese bebe sacaba todo el amor que había en mí, para mí ya no existía nada más, mi vida giraba alrededor de esas tres criaturas maravillosas que me había dado la vida.

Yo solía decir que cada vez que tenía un bebe iban saliendo un poquito más claros, como cuando se mete el pan al horno, unos salen doraditos, otros salen más blanquitos. Yo había florecido tres veces, pero mi humanidad no me daba para más, porque los tres habían sido por cesáreas y eso era ya el límite de mi útero. Con el tercer bebe se cerró la posibilidad de tener más bebes, cosa que no me afecto, tenía en mis manos tres tesoros maravillosos que guiar, alimentar y ver por ellos.

El equilibrio no llegaba y la prioridad de mis hijos hacían presión sobre mi esposo que veía que yo me alejaba cada día más de él. Hoy pienso que la ausencia de mi esposo en el hogar pudo ser provocada porque mi balanza se inclinaba cada día más hacia mis hijos. Yo pensaba que él debía desempeñar el mismo papel que yo desempeñaba en la guía y crecimiento de mis hijos, una vez más, la forma como percibía el mundo conflictuaba con los que me rodeaban, sin darme cuenta de lo que sucedía con los demás, encerrada en mi propio pensamiento, en mi propio mundo.

Ahora veo mi familia como un rompecabezas, todas las piezas encajaban. Hermanos mayores con mis hermanos de padre y madre, mi padre con todos sus hijos. Mi madre rivalizaba con sus hijastros por diferentes razones, pero cada pieza estaba en su lugar. Inclusive, la madrastra joven que sus hijastros no querían. Ese es un orden normal en nuestra sociedad, pero llegaba el momento en hacer encajar la última ficha, pero por más vueltas que le daban a la ficha nunca logro pertenecer al rompecabezas, a pesar de querer pertenecer nunca lo logre hasta el día de hoy.

Me gusta mirar a mis hermanos desde lejos y saber que se comunican armoniosamente y no perturbar esa armonía. Siento que soy la nota discordante y no logro ser parte de la melodía. Esa es la razón de mirarlos desde lejos, deseándoles lo mejor desde la distancia a pesar de todas las dificultades que encuentren en sus vidas, yo les deseo lo mejor y que esas dificultades las puedan solucionar de la mejor manera.

Hoy día pienso en que como he permanecido lejos de ellos por tanto tiempo y porque no los entiendo, prefiero respetarlos y no intentar ese acercamiento, así como yo tengo tantas cosas en que pensar y que solucionar, ellos también tendrán sus problemas y conflictos con que luchar. Yo hace mucho tiempo me baje de ese vehículo al que fui invitada, a estar como ellos también lo hicieron, cada uno tiene su propio vehículo y sus invitados. Los 3 lograron seguir una carretera que los reúne de vez en cuando, yo tome una carretera que me condujo a una montaña donde puedo ver el valle, los caminos y los 3 carros que viajan y de vez en cuando se encuentran.

Todo esto se asemeja como a un laberinto, porque durante 64 años de vida que llevo, todo el tiempo ha sido una búsqueda estresante para encontrar un camino que me muestre como entender el mundo en que la mayoría de las personas viven. A lo largo de mi vida he cometido errores y he tenido que volver a intentar de nuevo, todo ese proceso lleva a la desesperación, al llanto, a la depresión agonizante. Esto me da a entender que no es la búsqueda la que tengo que hacer, sino entender que yo vivo en un mundo diferente al de los demás, porque percibo las cosas de diferente manera, a mis hermanos a mis padres, y a la mayoría de las personas que me rodean.

Yo resuelvo los problemas de una forma muy diferente a la que las personas lo hacen. Puedo ayudar hasta cierto punto, sean afines o no a mí. ¿Porque digo hasta cierto punto? una de las cosas que me he dado cuenta es que sobresaturo a las personas con mi dedicación, con mi amor, con la capacidad que tengo de entender los problemas, y esto hace que sencillamente los ahogo con mi protección. Por esta razón y muchas más, entendí de un tiempo para acá, que ese es un punto en el que tengo que trabajar para pulir esa ficha del rompecabezas.

Otro punto para tener en cuenta es la comunicación, es quizás a mi forma de ver el mundo la más difícil de todas.

Ese no poder ver el mundo tal como es, o por lo menos captar en las dimensiones en que viven los demás, hacía que mi vida familiar, el tesoro más grande que había podido lograr comenzara a desmoronarse. Que el desarrollo de mis hijos tomara un giro que yo no quería, y que se salieron de mis manos, ese fue otro momento, en que a pesar de mi incapacidad para manejar las diferentes situaciones, algo en mi interior luchaba por mí y trataba de orientarme. Con el tiempo redescubrí que el cerebro compensa las carencias dándome salidas para no llegar a la locura. Por supuesto, tarde en entender, en asimilar, y posteriormente a enfrentarme a ellas. Pero poco a poco las puse en frente de mi para poderlas manejar, porque no podía hacer que desaparecieran. Lo que tenía que hacer era utilizar lo que mi cerebro me brindaba para pasar desapercibida y lograr las metas y los objetivos que yo quería, pequeños y grandes. Alguien alguna vez me recordó con angustia y desespero, al ver que me acobardaba me dijo: "el miedo es lo peor que te puede pasar en tu vida" en ese momento escuchaba pero no entendía bien, aunque si me levante y me enfrente al problema, pero tiempo después entendí de lleno esa gran verdad; los valientes salimos adelante.

Cuando uno no entiende y no maneja sus problemas es difícil dar el paso adelante.

La cotidianidad de la vida seguía su curso, y a medida que pasaba el tiempo el pequeño desorden se iba transformando en caos, sentía como si un huracán estuviera acercándose hacia mí, que todo se iba destrozando a medida que este huracán se acercaba. De mil maneras trate de proteger lo que tenía, pero no pude, sencillamente deje de luchar, dejando que la devastación se diera. Mi matrimonio se rompió, lo más precioso que yo tenía se rompió, no porque él se fuera sino porque yo me fui, ese fue otro giro fuerte en mi vida.

Antes de la ruptura de mi matrimonio yo trabajaba como profesora de teatro y expresión corporal en un instituto de carreras intermedias. Vi un aviso que decía que se necesitaba profesor de teatro, y un día me presenté con mi certificado de bellas artes y me contrataron. Por 10 años trabaje allí como profesora de profesoras; se imaginan ustedes, yo no entendía bien, yo no escribía bien, me costaba comunicarme con los demás, y es allí donde uno ve la maravilla del cerebro y como compensa tus carencias, pequeñas puertas se van abriendo en tu cerebro y te van mostrando las diferentes salidas.

Inventé un sistema para poder escribir en el tablero sin que notaran que yo no tenía buena ortografía, a excepción de una vez que me atreví a escribir zanahoria sin esa hermosa `h` intermedia. Y así pasando como 3D estuve sentada en la mesa con la directiva del instituto, en los grados de las alumnas entregando diplomas, me sentía asustada, pero de verdad muy complacida. El no poder escribir bien mi idioma no era una barrera que impidiera poder desenvolverme en el sistema en el que estaba, lograba integrarme, pasar desapercibida y eso era todo lo que yo quería.

El cerebro es una maquina perfecta, porque a pesar de que haya una imperfección esta máquina la compensa de manera maravillosa. El enfrentarme a la vida de manera consiente hizo que comenzara a tener logros, y eso era lo que yo tanto buscaba, poder encajar en el rompecabezas. La única que sabía que era lo que pasaba en mi interior era yo. Antes de poder tener logros sufrí mucho porque estaba sola, no porque me dejaran abandonada a mi suerte, sino porque no lograban entender que era lo que yo necesitaba, lo que yo pensaba.

Como yo podía solucionar problemas en silencio, sola yo con mi cerebro me concentraba, y cada día lograba más cosas, me habría paso en la vida confiando en mi cerebro, entendiéndolo, escuchándolo, asimilando y aprendiendo.

El Desarrollo del Ser Humano

Sali del Hueco

En medio de ese huracán combinado con el laberinto insoportable y agónico, un día al girar mi cabeza para mirar el camino, vi una puerta. No era la salida del laberinto, era una puerta, esa puerta era la oportunidad de salir de mi país. Encontrar esa puerta fue determinante en mi vida. Este era un giro más que marcaba el camino, pero este era grande, fuerte. Era un cambio que hacía que mi cerebro se sintiera seguro, ansioso, anhelante y decidido. La única angustia que tenía mi corazón eran mis hijos; pero por ellos, por esa razón en específico me tenía que ir.

Un año antes de que esta maravillosa puerta se abriera, me había casado por segunda vez. Ya mi padre había muerto y mi madre estaba muy enferma. Solo mi hermana y mi cuñado asistieron a mi matrimonio junto con algunos amigos de fe que estuvieron de acuerdo. Como siempre, yo formando controversias. Mi familia no aceptaba el divorcio y algunos miembros de mi fe no veían bien mi unión con él porque yo era mayor 6 años. Sin importar toda esta problemática que se presentó, se llevó a cabo mi matrimonio. Hasta el día de hoy, con altas y bajas alegrías y tristezas ya tenemos 25 años juntos.

Desde mi mundillo, en ocasiones yo miraba el cielo y veía que pasaban aviones, en mi pensamiento me preguntaba, ¿me subiré algún día en un avión que me saque de aquí y me lleve a otro lugar donde nadie me conozca y yo pueda entender mi vida y mi ser? me sentía sumida en un pozo profundo, y mi voz se ahogaba de tantos gritos que daba al gritar - quiero salir de aquí-. Finalmente fui escuchada y se cumplió lo que tanto pedí, me monté en un avión y salí de mi país, esa puerta que se abrió me dio una nueva visión de mi vida.

Esta oportunidad se me dio mediante mi hermano menor, el que sigue después de mí. Era muy difícil poder llegar a este país y sobre todo sin poder comprobar ingresos, pero esto lo logre a través de mi cuñado, pues trabaje con él y esto me dio la oportunidad de conseguir la visa para viajar. El padre de mi actual esposo, mi suegro, nos consiguió en ese entonces un dinero que nos respaldara al llegar aquí, fueron muchas manos las que se tendieron para que lo lográramos.

Mi hermano nos recibió en su apartamento, conseguimos nuestros trabajos mi esposo y yo, pero pronto se manifestarían los problemas de incompatibilidad y nos separaríamos de nuevo. Siempre estaré agradecida con quienes nos brindaron la oportunidad de estar aquí.

La lucha continuaba, porque no era yo sola la que importaba. Mis hijos, siempre en mi mente, hicieron que toda esa lucha que tuve en mi país se triplicara en poder, porque podía ver las cosas desde una perspectiva diferente. Comencé a entender, aceptar y manejar mis problemas en el ámbito social. Poco a poco seguí entendiendo el comportamiento de los demás, aunque aún sentía cada agresión, cada mentira, cada conveniencia, cada fracaso, cada impotencia, como latigazos que me dolían profundamente. Ya entendía que era lo que me pasaba, comenzaba a querer y poder manejarlos, ya que este cambio me daba fuerzas para hacer verdad el dicho que dice `el querer es poder`. Empecé a ver que el amor incondicional era raro, la doble cara era cotidiana en la relación que establecían las personas, que las acciones a conveniencia era lo que regía la vida de los demás, y que el preocuparse por los demás desinteresadamente se daba, pero en raras ocasiones. Estas acciones chocan fuertemente con los intereses de la mayoría de las personas, quienes no se comportan en estos términos obtienen una respuesta de rechazo o un constante retar a la persona. ¿Como estaba viendo un poco más claro y consiente el mundo que manejaban los demás, comencé a aprender, aprender a qué? A expresarme cuando era conveniente y respetar las acciones de los demás, aunque no aceptaran mi forma de pensar. Obviamente me refiero a lo que hacen los demás dentro de los parámetros que establece el sistema social en que nací, esto lo aprendí a hacer porque me duele la exclusión.

Las Oportunidades que nos da la Vida

Me Encontre

El que esa puerta se abriera fue una salida a tanta impotencia, desesperación y dolor. Como alguna vez alguien dijo, `tienes que estar pendiente de las oportunidades, no las dejes pasar nunca` y eso hice, la aproveché al máximo tanto en el trabajo como en el crecimiento personal.

Desde la pobreza, la impotencia, desde la desesperación, desde la frustración de sentirnos menos, desde el querer y ver que nuestros sueños se nos van entre los dedos, desde allí podemos tomar todas esas carencias y transformarlas en las herramientas que necesitamos para transformar nuestras vidas y se abrirán las puertas como me sucedió a mí. Podemos criar a nuestros hijos y tener logros grandes y pequeños, satisfaciendo así todo nuestro ser. Por más que estemos en un lugar que aparentemente no nos muestre oportunidades, la fuerza que sale de nuestro interior nos impulsa a lograr las cosas, nos saca de ese abismo

Hoy tengo mucho más clara mi capacidad para fijarme metas y objetivos, y lograrlos. Es por eso por lo que puedo decir, sin temor a equivocarme, que si uno se concentra lo suficiente y tiene la certeza de lo que quiere, lo logra.

La lucha por permanecer vivos, por cuidar de esa vida que se nos ha dado, hace que luchemos y nos transformemos en guerreros férreos de nuestras metas y objetivos.

Nunca me he dado la oportunidad de auto compadecerme, ni esconderme detrás de mis incapacidades. Soy consciente de ellas, y trato de manejarlas, entenderlas y dominarlas. Claro, en algunos casos me superan, pero en muchos otros casos las domino, ahora ¿cómo se puede dominar una incapacidad? Y en qué sentido se preguntarán ustedes, en el sentido de tratar que estas falencias no se noten cuando estoy con personas 3D. Pienso en limitaciones que son muy leves, por decirlo de alguna manera, y es allí cuando mi razonar me lleva a pensar, que por leve que sea lo que le sucede a uno, en el vientre de la madre va a ser una constante dentro del desarrollo como ser en la cultura en que nazca.

Es de suma importancia detenerse en cualquier momento de la vida para entender que lo hace a uno distinto. Entre más temprano lo hagas, más tiempo tendrás para disfrutar de tu vida, a entender y tomar decisiones por ti mismo. Esto te potencia para que esas limitaciones las tomes en tus manos y las desarrolles, utilizándolas como herramientas transformadoras de tu vida. Uno de mis mayores logros es permanecer viva hasta el momento, seguida de haber podido procrear tres hijos, amándolos y apoyándolos. Estar al lado de ellos en sus necesidades y dificultades; a esto le sumo el haber podido aprovechar la oportunidad de poder salir de mi país y encontrar las herramientas necesarias para seguir en mi labor de crecer como persona, y poder seguir apoyando a mis hijos. El poder ser independiente y tener mi propio negocio en casa, el ser tu propio jefe, te libera del estrés que produce una cansada y agotadora rutina. Esto mis queridos lectores, para una persona 2D, es un logro espectacular; y finalmente, el escribir un libro, corona y sobre pasa mis expectativas.

Desde que a mi vida llegaron mis hijos, ellos han sido lo que la rigen. Después vienen los otros aspectos, mis necesidades como ser, como mujer, como persona, y eso trae a mi memoria lo que me dijo mi padre cuando llego mi primer hijo. Me dijo: hija, uno es padre hasta que se muere .Recuerdo que cuando me lo dijo, sus palabras pasaron un tanto desapercibidas, pero sé que se quedaron resonando en mi memoria, las vi con más claridad cundo mis hijos comenzaron a enfrentar la vida.

Puedo decir que el motor que ha impulsado mi vida han sido mis hijos, pues por ellos vivo, por ellos lucho. Quizás, sin temor a equivocarme, daría mi vida por ellos. ¿Alguien podría decir que esa es una forma muy plana de vivir la vida, porque se preguntaran, y los demás aspectos de la vida? Uno también es un ser con diferentes necesidades; yo contestaria que ese es el mundo 2D, es plano y solo existen dos dimensiones. En el mundo 2D yo lo entiendo como un deber y una responsabilidad. Cuando uno se compromete a tener hijos, los padres rodean a los hijos hasta que se van de casa. Un poco más, y los padres como pareja quedan en un segundo plano hasta que regresan a los días en que estuvieron solos; ese es mi pensamiento, y como siempre, respeto el pensamiento de los demás. Cada cual enfrenta la vida de acuerdo con las herramientas que encontró en el camino, y de acuerdo como las utilice. Eso se logra con perseverancia, con fe, con entusiasmo, con seguridad, con reafirmación, con agradecimiento, con dedicación y con disciplina. Hoy puedo decir que todo se puede lograr en la vida, si uno lo quiere con la suficiente fuerza, uno lo logra.

No Todo está Entendido ni Controlado

Agradecimientos

A mi Querido Esposo Javier Pulido, que con su apoyo económico y emocional hizo posible que yo lograra materializar este sueño.

A mi Querido hijo Bernardo Alfonso Velásquez, que tomo las fotos para la portada de mi libro.

A mi querida hija Maria Ximena Velásquez, por darme la esperanza para seguir adelante en la búsqueda del camino para realizar mi meta.

A Mi Querida Alba Beatriz Rojas Vargas, que con la empatía que la caracteriza diseño la portada de mi libro.

A mi Querido y respetado Maestro Francisco Navarro Lara, que me ayudo a encontrar el camino para poder publicar mi libro.

A todos ellos, muchísimas Gracias

Maria Ximena Aguilera

A La niña que un día fui

Esta reseña es dedicada a la pequeña pero
gran niña que ahí en mí, a la que lucho hasta
lograr una de sus metas en la vida. A esa
pequeña niña hoy la abrazo con fuerza y con
lágrimas en los ojos le digo "Lo logramos
querida niña.

la Verdadera Razón de mi Existencia

El motor que me mueve todos los días para salir de la cama y luchar por la vida y aunque ya crecieron me animan a seguir viviendo, los amo con todo mi corazón y hasta el último aliento mis últimos pensamientos serán para ellos.

Maria Ximena Aguilera

Made in the USA
Columbia, SC
21 July 2021

42142149R00055